DOM ANTÔNIO AFONSO DE MIRANDA, S.D.N.
(Bispo Emérito de Taubaté)

O QUE É PRECISO SABER SOBRE A UNÇÃO DOS ENFERMOS

EDITORA
SANTUÁRIO

DIRETOR EDITORIAL:
Marcelo C. Araújo

REVISÃO:
Ana Lúcia de Castro Leite

EDITORES:
Avelino Grassi
Edvaldo Manoel de Araújo
Márcio F. dos Anjos

DIAGRAMAÇÃO:
Alex Luis Siqueira Santos

CAPA:
Junior Santos

COORDENAÇÃO EDITORIAL:
Ana Lúcia de Castro Leite

ISBN 85-369-0086-5

A marca FSC® é a garantia de que a madeira utilizada na fabricação do papel deste livro provém de florestas que foram gerenciadas de maneira ambientalmente correta, socialmente justa e economicamente viável.

Este livro foi composto com as famílias tipográficas Times e Times New Roman
e impresso em papel Offset 75g/m² pela **Gráfica Santuário.**

1ª impressão: 1987

17ª impressão

Todos os direitos reservados à **EDITORA SANTUÁRIO** – 2019

Rua Pe. Claro Monteiro, 342 – 12570-000 – Aparecida-SP
Tel.: 12 3104-2000 – Televendas: 0800 - 16 00 04
www.editorasantuario.com.br
vendas@editorasantuario.com.br

A Nossa Pastoral dos Enfermos

Cada vez mais cresce em nossas Paróquias o interesse de muitos leigos pelo que se chama "Pastoral dos Enfermos" e "Pastoral da Saúde".

São dois setores distintos, porém intimamente unidos. A "Pastoral da Saúde" atém-se mais à ação preventiva e social, ao trabalho junto a enfermeiros, médicos, higienistas, visando dar a esses profissionais uma visão cristã de sua atuação. A "Pastoral dos Enfermos" busca mais diretamente as pessoas doentes e seus familiares, tentando levar-lhes, com o conforto humano e religioso diante do sofrimento, uma assistência evangelizadora e mesmo sacramental.

Equipes de Ministros Extraordinários da Comunhão Eucarística, equipes de visitas aos doentes, Legionários de Maria, Vicentinos, grupos de oração, ditos carismáticos, e muitas outras pessoas caridosas, vêm, naquele duplo sentido, desenvolvendo um tipo de ação pastoral cada vez mais relevante em nossas comunidades.

Não se pode descuidar da formação desses Agentes de Pastoral às vezes voluntários, e que frequentemente se antecipam à iniciativa dos próprios padres.

Nestas páginas, sem desvalorizar a atividade da "Pastoral da Saúde", queremos oferecer matéria de reflexão específica da "Pastoral dos Enfermos".

Atividade, primeiramente, evangelizadora

O que é preciso ser acentuado é que a ação desses grupos junto aos doentes deve ser, antes de tudo, evangelizadora. É preciso que levem aos enfermos aquele modo de encarar e viver o sofrimento como o Senhor Jesus no-lo ensinou em sua mensagem evangélica.

Não basta consolar o doente. Tampouco ensinar-lhe uma resignação forte, estoica, em face da dor. Isso os pagãos, certamente, fizeram. Nós somos cristãos, e temos uma visão superior, um modo diferente de olhar todas as coisas.

"A Pastoral dos Enfermos" deve relembrar, e fazer chegar a seus lares e corações, o amor evangélico que deve iluminar o sofrimento.

Os Agentes dessa Pastoral devem ser os primeiros a aprofundar o modo evangélico de ver e encontrar os enfermos.

É preciso que estejam atentos aos aspectos antropológicos, psicológicos e espirituais do sofrimento das pessoas. E é preciso que tenham presentes também os aspectos teológicos que envolvem esses sofrimentos.

Aspectos antropológicos e teológicos

As doenças fazem parte do contexto da vida humana. Geram, psicologicamente, espiritualmente, no indivíduo, o abatimento, e às vezes, a revolta.

Quando prolongadas, deixam a sensação de abandono, de solidão. Revelam à pessoa sua fragilidade e seu nada.

E não se pode esquecer que evocam o desfecho possível de morte.

Esses são aspectos antropológicos incontestáveis. Mas a doença tem um sentido teológico também; está no plano divino, é consequência do pecado. E Jesus, que veio para abolir o pecado, veio para santificar e elevar o sofrimento, e mesmo para aliviá-lo sobrenaturalmente.

Há uma teologia da Cruz. Essa teologia mistura-se com a teologia da esperança. Cristo assumiu nossos padecimentos na santidade de sua carne e de sua morte. Doença é comparticipação na cruz salvadora. E morte é preâmbulo de ressurreição.

Para fortalecer a criatura humana, nesses transes em que a fé deve ser revigorada, Cristo deixou um sacramento a sua Igreja – a Unção dos Enfermos.

A Pastoral dos Enfermos deve iluminá-los em todos os sentidos. E não se pode perder a perspectiva de que o sacramento da Unção precisa ser lembrado, enfatizado, e que uma catequese aberta, insinuante, deve propô-lo ao doente e aos familiares, muito antes e independentemente da morte.

A Unção dos Enfermos não é o sacramento dos mortos, ou dos agonizantes, mas sacramento revitalizador da fé dos enfermos.

Não esquecer nossos Irmãos Enfermos

Um amigo temente a Deus escreveu-me o seguinte: "Minha vida espiritual é que vai indo bem arranhada com quase três meses de ausência dos Sacramentos, pois nem à Igreja me foi dado comparecer durante todo este tempo, antes e depois de um acidente. Antes eu estivera acamado com um problema de coluna, que me torturou por sessenta dias. Bastou melhorar um pouco e já sofri uma queda, que quase me levou ao além. Se ainda fosse naquele tempo em que padre visitava enfermos ... mas não: *mutantur tempora, mutantur mores*. Nem mesmo comunhão e sacramentos aos enfermos existem mais entre nós. Até para encomendar um cadáver, a muito custo, comparece um menino e esparrama um pouco de água benta sobre o caixão, e pronto! Haja fé que aguente isto".[1]

Alguns comentários

A essas queixas cabem sérios comentários. Eles devem chamar nossa atenção para a Pastoral dos Enfermos.

O enfermo é uma pessoa que sofre no corpo e no espírito. No corpo, a dor; no espírito, a solidão.

---

[1] Esse trecho de carta não é inventado. Foi-me, realmente, escrito por um ex-colega de Seminário.

As visitas fazem bem ao doente. Mostram-lhe solidariedade e tiram-no do desespero.

Quem primeiro deve estar atento a isso é o Pastor, o Padre. O Pastor deve ir à busca das ovelhas, e não as ovelhas à busca do Pastor. O Padre solícito e zeloso não pode omitir-se nesse dever importante de visitar as ovelhas machucadas, feridas pela doença.

A queixa daquele missivista não é descabida. Talvez possa ser subscrita por muitos católicos, retidos no leito por longos dias.

Não se trata de culpa

Nem sempre há culpa de omissão de sacerdotes zelosos. Há desconhecimento a respeito do estado de muitos de seus paroquianos, prostrados pela enfermidade.

No caso, cumpre um dever à família e ao próprio doente: avisar e pedir a presença do Padre, que não será recusada, a não ser em circunstâncias de total empecilho.

Leigos que militam hoje na Pastoral dos Enfermos não podem deixar também de informar o Pároco e os Vigários Paroquiais sobre a doença prolongada de paroquianos que foram sempre assíduos aos Sacramentos, mesmo que não se trate de perigo grave de morte.

Criar nova mentalidade

Uma nova mentalidade precisa ser criada nas famílias dos enfermos: a visita do Padre deve ser algo normal, expressão de amizade, de paternidade espiritual.

E uma convicção precisa ser fortemente assumida pelo Pastor de almas: aos doentes não nos cumpre somente dar os últimos Sacramentos, mas levar-lhes o conforto espiritual de nossa solicitude pastoral nos instantes em que eles não podem vir à igreja.

Senso ecumênico

Todas essas ponderações referem-se aos doentes católicos, às ovelhas do rebanho. Mas é preciso lembrar as palavras de Jesus: "Tenho ainda outras ovelhas, que não são deste aprisco. Preciso conduzi-Ias também e ouvirão a minha voz e haverá um só rebanho e um só Pastor" (Jo 10,16).

Não será a enfermidade o momento mais propício para que a voz de Deus ecoe no coração de um homem?

Não é fácil a visita a um enfermo distanciado da Igreja, principalmente quando ele nunca deu sinal de simpatias para com um Padre, ou, quem sabe, o tenha ostensivamente hostilizado.

Está aqui um dos empenhos mais importantes da Pastoral dos Enfermos: encontrar os caminhos do diálogo, por meio de uma visita simplesmente cordial, que, de início, não apresentará qualquer proposta de Sacramentos. Ela será, em sua simplicidade, a abertura das portas da confiança e da simpatia.

A ação missionária da Igreja não pode, certamente, esquecer esse caminho de conversão de muitos de nossos irmãos.

Todos somos responsáveis pelos Enfermos

A solidariedade humana, e sobretudo a caridade cristã, deve levar-nos a não esquecer, como tantas vezes se faz, aquelas pessoas que estão doentes.

Há muitos e muitos enfermos ignorados até por seus vizinhos. Principalmente quando a moléstia prolonga-se por vários anos. Presos ao leito e fechados em casa, os doentes acabam por ser esquecidos. Relembra-se que ficaram doentes quando é anunciada sua morte.

Será isso conforme à caridade cristã?

Acontece com frequência que o Pároco fica sabendo que um paroquiano seu esteve doente quando os parentes vêm encomendar o funeral ou a Missa de 7º dia.

É profundamente lastimável esse fato. Porque o enfermo ficou privado do maior conforto (ou talvez do único conforto) que ainda poderia aliviar seus sofrimentos.

Eis por que é necessário que a Pastoral dos Enfermos desperte na comunidade a ideia de que todos somos responsáveis pelos doentes.

Será isso verdade?

A princípio, pode parecer que exageramos. Mas reflitamos um pouco.

1º – O doente, seriamente doente, desvincula-se, ao menos do ponto de vista físico, da vida de sua comunidade. Não aparece mais. Não frequenta os atos comunitários: festas, missas, passeios, reuniões. Dir-se-ia que tudo acabou para ele.

Podem, neste caso, os amigos, os irmãos, deixarem de procurá-lo? E, se tal acontece, não é imensa a frustração, que vai agravar-lhe os momentos de dor?

2º – Quando se trata de uma pessoa de algum modo engajada, participante nos movimentos sociais e religiosos, pode-se compreender que a comunidade e a Igreja simplesmente ignorem que ele adoeceu?

3º – Os sacerdotes, sobretudo o Pároco, têm por função estar a serviço das pessoas, principalmente das mais necessitadas. E haverá mais necessitado do que aquele que foi atingido por grave enfermidade?

Como explicar, então, que o Padre desconheça que um católico está doente?

4º – Pode acontecer que o enfermo é pessoa arredia da Igreja. Nem à missa das grandes festas costumava ir.

É este quem mais necessita da aproximação do Ministro de Deus. Mesmo que não aceite os Sacramentos da Igreja. A visita do sacerdote que, evidentemente, deve respeitar as convicções do doente, será prova de que ele e a família podem contar com a solidariedade e compadecimento da Igreja.

A caridade não conhece barreiras

À hora do sofrimento, quem sofre é sempre grato àquele que lhe estende a mão. O gesto de socorrer e confortar dificilmente encontrará repulsa.

Então, é preciso que todos se apressem para ir ao encontro dos enfermos: vizinhos, amigos e até desconhecidos.

É preciso que o Pároco ou o sacerdote mais perto seja sempre inteirado da doença dos paroquianos. Toda e qualquer pessoa deve avisá-lo desse fato. E ele não poderá esquecer sua fundamental obrigação, que é buscar a salvação eterna de seus irmãos.

Isso deve ser para ricos e pobres. No leito de dor, e principalmente no leito de morte, de que valem as distinções sociais?

Na ordem afetiva, e muito mais na ordem espiritual, a caridade não pode ser falha para com ninguém. Deve ser solícita e prestimosa.

Da morte ninguém escapa

Nem toda doença leva à morte. Mas é certo que toda pessoa vai morrer um dia.

As enfermidades, especialmente se graves ou prolongadas, evocam, portanto, o momento fatal que atingirá a todos. Qualquer doença é princípio de morte.

E a morte é o instante para o qual ninguém deve encontrar-se despreparado. Seria uma falta de caridade deixarmos um só de nossos irmãos iludidos a esse respeito, sem acenar-lhe com o conforto da misericórdia e do perdão que o Sacramento dos Enfermos pode trazer-lhe.

E é em face de uma realidade tão séria que não podemos deixar de sentir-nos **responsáveis** por nossos irmãos enfermos.

Um Sacramento frequentemente esquecido

O apóstolo São Tiago escreveu uma carta muito proveitosa para a vida espiritual dos cristãos. Não é profunda, teológica, dogmática, como em geral são as de Paulo. É uma carta simples, de conselhos espirituais, que todos podem entender.

No capítulo 5, v. 14-16, ele escreveu o seguinte: "Alguém dentre vós está doente? Mande chamar os presbíteros da Igreja, para que orem sobre ele, ungindo-o com óleo em nome do Senhor. A oração feita com fé salvará o doente, e o Senhor o levantará. E se tiver cometido pecados, receberá o perdão.

É fácil perceber que estamos diante de um rito sacramental da Igreja: orações sacerdotais (os presbíteros de que ele fala são os sacerdotes da Igreja), unção com óleo em nome do Senhor, perdão dos pecados.

São Tiago não fala, explicitamente, de **Sacramento da Unção dos Enfermos**.

Em seu tempo não havia ainda o desenvolvimento da Teologia Sacramental, fruto de muitos séculos de reflexão.

Entretanto, a "unção com óleo em nome do Senhor", de que fala São Tiago, é o mesmo Sacramento a respeito do qual trata o Papa Paulo VI, em 1972, em sua Constituição *Sacram Unctionem infirmorum*, e a respeito do qual publicou o **Rito da Unção dos Enfermos**.

Importância desse sacramento

A esse propósito, escreve o Papa Paulo VI: "Este Sacramento confere ao enfermo a graça do Espírito Santo, que contribui para o bem do homem todo, reanimado pela confiança em Deus e fortalecido contra as tentações do Maligno e as aflições da morte, de modo que possa não somente suportar, mas combater o mal e conseguir, se for conveniente a sua salvação espiritual, a própria cura. Esse Sacramento proporciona, também, em caso de necessidade, o perdão dos pecados e a consumação da penitência cristã".

Necessidade de receber esse sacramento

De tudo quanto aqui vai exposto, vê-se o valor, a necessidade, a imperiosa exigência desse Sacramento e de que todo cristão em perigo de morte receba-o, para seu conforto e garantia de sua salvação.

Entretanto, numerosas pessoas morrem sem recebê-lo. Creio mesmo que a maioria dos católicos não liga, não se importa, na hora da morte de seus familiares, em pedir que esteja presente um Sacerdote.

Depois da morte, exigem-se exéquias solenes, que não são mais que enfeite do enterro. Mas o Sacramento tão necessário fica, as mais das vezes, esquecido.

Muito necessário, portanto, que os agentes da Pastoral dos Enfermos busquem valorizar e urgir a recepção desse sacramento tão importante, sobretudo quando visitam os doentes, quer nas casas, quer nos hospitais.

Se percebem o perigo de morte, devem falar com clareza, embora sem alarme, seja aos parentes mais chegados, seja ao próprio enfermo, da necessidade de que se chame o sacerdote, para conforto de todos.

Só o sacerdote é ministro desse sacramento

A respeito do Ministro desse Sacramento, o Código do Direito Canônico afirma peremptoriamente no Cânon 1.003, parágrafo 1º: "Todo sacerdote, e somente ele, pode administrar validamente a Unção dos Enfermos". E no parágrafo 2º: "Têm o dever e o direito de administrar a Unção dos Enfermos todos os sacerdotes encarregados da cura de almas, em favor dos fiéis confiados a seus cuidados pastorais; por causa razoável, qualquer outro sacerdote pode administrar esse sacramento, com o consentimento, ao menos presumido, do sacerdote acima mencionado".

Deve o agente de pastoral, pessoalmente, dirigir-se ao Pároco ou a qualquer sacerdote, nos casos mais difíceis, pedindo-lhe que não deixe de visitar o enfermo nesse caso extremo.

É muito lastimável que, em nossos dias, a maioria dos católicos não mais se lembre da necessidade imperiosa de receber os últimos sacramentos, quando se acham em perigo de morte.

Teologia da Unção dos Enfermos

Depois de refletirmos sobre a Pastoral dos Enfermos e de termos visto que a Unção dos Enfermos é um de seus componentes, daremos agora as noções teológicas sobre esse Sacramento.

O que é sacramento?

É um ato ou rito sagrado da Igreja, que, pelo poder de Deus conferido a seus Ministros, dispensa dons ou graças sobrenaturais.

A Igreja sempre acreditou que Jesus Cristo, seu fundador e Salvador dos homens, continua sua missão na terra, por meio de ações praticadas pelos Ministros divinamente instituídos.

A mesma Igreja se considera "o Sacramento ou sinal e instrumento da íntima união com Deus e da unidade de todo o gênero humano".[2] E ensina que "a liturgia dos Sacramentos ... consegue para os fiéis bem dispostos que quase todo acontecimento da vida seja santificado pela graça divina".[3]

Os sacramentos na primitiva Igreja

Desde os princípios do cristianismo, a Igreja exprimiu em sete ritos e orações sua fé em Cristo. São os seguintes, mais

---

[2] *Lumen Gentium*, n. 11.
[3] *Sacrosanctum Concilium*, n. 61.

tarde denominados Sacramentos: o **Batismo** (cf. At 2,38-41; 10,47-48); a **Eucaristia**, chamada "fração do Pão" (cf. At 2,42); a **Confirmação** (cf. At 8,15-18); a **Ordenação** de novos Ministros (cf. At 13,2-4); e logo a seguir a **Unção dos Enfermos** (cf. Tg 5,14-16) e a **Confissão** dos pecados (cf. Tg 5,16). Mais tarde, enfim, São Paulo nos fala do Matrimônio, como sendo um grande Sacramento por representar a união de Cristo com sua Igreja (Ef 5,32).

Entre esses Sacramentos interessa-nos examinar aqui a Unção dos Enfermos, revelada por São Tiago.

Eis o texto desse Apóstolo: "Está alguém enfermo? Chame os Sacerdotes da Igreja, e estes façam oração sobre ele, ungindo-o com óleo em nome do Senhor. A oração da fé salvará o enfermo, e o Senhor o restabelecerá. Se ele cometeu pecados, ser-lhe-ão perdoados" (5,13-16).

É fácil perceber que estamos diante de um rito sacramental da Igreja: orações sacerdotais, unção com óleo em nome do Senhor, perdão dos pecados.

Algumas observações

A teologia dos Sacramentos elaborou-se no correr dos tempos, com estudos dos Santos Padres. E só se firmou com definições emanadas dos Concílios e dos Papas. Isto deve ser lembrado quando se trata da Unção dos Enfermos.

Segundo o teólogo Betz, o que foi sempre certo é que desde a primitiva Igreja praticou-se a Unção dos Enfermos com óleo como atendimento a uma espera de salvação. Houve, porém, dúvidas a respeito de alguns pontos relativos a esse Sacramento: se ele deveria ser conferido somente a moribundos "in extremis", ou se poderia ser dispensado a qualquer doente; se o óleo deveria ser consagrado e qual seria o ministro desta consagração; se leigos poderiam ungir os doentes em caso de urgência etc.

Em 416, o Papa Inocêncio I (Ep 25,8; P.L. 20,559) ensinou que a consagração do óleo era da competência do Bispo, e a esse e aos presbíteros ficava reservada a administração do Sacramento, que, em caso de necessidade, poderia ser feita também por leigos.[4]

Não era uma definição de fé, e ainda persistiram dúvidas, principalmente quanto a ministros leigos e quanto ao tempo em que se deveria dar aos doentes este Sacramento.

As dúvidas só tiveram plena solução com as definições dos Concílios de Florença e de Trento, confirmadas em tempos recentes pelo magistério da Igreja.

O Concílio Vaticano II

O Concílio Vaticano II ocupou-se desse Sacramento em duas constituições: na *Lumen Gentium* e na *Sacrosanctum Concilium*.

Na primeira, ensina: "Pela Sagrada Unção dos Enfermos e oração dos Presbíteros, toda a Igreja recomenda os doentes ao Senhor que sofreu e foi glorificado, para aliviá-los e salvá-los ... e exorta-os a unirem-se espontaneamente à Paixão e

---

[4] Dicionário de Teologia (Ed. Loyola), vol. 5, p. 383.

Morte de Cristo ... assim contribuindo para o bem do povo de Deus".[5]

Na segunda, dispõe: "A Extrema-Unção, que também, e melhor, pode ser chamada Unção dos Enfermos, não é Sacramento só dos que estão no fim da vida. Para recebê-lo, é já certamente tempo oportuno quando o fiel começa, por doença ou velhice, a estar em perigo de morte".[6]

Comentando o que disse o Concílio Vaticano II, o Papa Paulo VI, em 1972, publicou a Constituição *Sacram Unctionem Infirmorum*, em que define os seguintes pontos:

1º – "A Igreja Católica professa e ensina que a Sagrada Unção dos Enfermos é um dos sete Sacramentos do Segundo Testamento, instituído por Cristo Nosso Senhor, insinuado já por Marcos (Mc 6,13) e recomendado e promulgado por Tiago Apóstolo, irmão do Senhor (Tg 5,14-15)".

2º – "Já desde antigos tempos há provas da Unção dos Enfermos na tradição da Igreja, principalmente litúrgica, seja no Oriente, seja no Ocidente."

3º – "Depois que o Concílio Florentino descreveu os elementos essenciais da Unção dos Enfermos, o Concílio Tridentino declarou sua divina instituição e desenvolveu tudo quanto a respeito da Sagrada Unção se transmite na Carta de São Tiago, principalmente quanto à realidade (*quoad rem*) e os efeitos (*quoad effectus*) do Sacramento. Esta realidade é a graça do Espírito Santo, do qual recebida a unção, se algo existir a

---

[5] *Lumen Gentium*, n. 11.
[6] *Sacrosanctum Concilium*, n. 73.

expiar, ela extingue os resquícios do pecado e alivia e fortalece a alma do doente, excitando nele grande confiança da divina misericórdia, pela qual, ajudado, o enfermo suporta mais resignadamente os incômodos e sofrimentos da doença e mais facilmente resiste às tentações do demônio ..."

4º – Enfim, Paulo VI, na supracitada Constituição, modificou a matéria e a forma da Unção dos Enfermos, atendendo a maior utilidade pastoral.

E assim definiu: "O Sacramento da Unção dos Enfermos confere-se a enfermos que estão doentes em perigo (*periculose aegrotantibus*), ungindo-os na fronte e nas mãos, com óleo de oliveira ritualmente abençoado, ou conforme as circunstâncias, com óleo de plantas, proferindo-se as seguintes palavras, uma só vez: "Por esta Santa Unção e por sua piíssima misericórdia, ajude-te o Senhor, com a graça do Espírito Santo, para que, livre do pecado, ele te salve, e, propício, te conforte".

O rito da Unção dos Enfermos

Esses ensinos e definições do Concílio e da Constituição de Paulo VI, foram depois reafirmados com pormenores pelo Rito da Unção dos Enfermos.[7]

É importante, em especial, o que ali se afirma sobre os efeitos e sobre o Ministro da Unção.

---

[7] Rito da Unção dos Enfermos, n. 5.

Quanto aos efeitos: "Este Sacramento confere ao enfermo a graça do Espírito Santo, que contribui para o bem do homem todo, reanimado pela confiança em Deus e fortalecido contra as tentações do Maligno e as aflições da morte, de modo que possa não somente suportar, mas combater o mal e conseguir, se for conveniente a sua salvação espiritual, a própria cura. Este Sacramento proporciona, também, em caso de necessidade, o perdão dos pecados e a consumação da penitência cristã".[8]

Quanto ao ministro, o Ritual é enfático ao afirmar que o "ministro próprio da Unção dos Enfermos é somente o sacerdote", isto é, Bispo ou Presbítero. Portanto, não o podem ser o Diácono, e, muito menos, os leigos, embora estes possam exercer "funções e ministérios em relação aos enfermos".[9]

Enfim, sobre o ministro, o Código do Direito Canônico reafirmou, de modo expressivo, a mesma disposição: "Todo sacerdote, e somente ele, pode administrar validamente a Unção dos Enfermos".[10]

Sacramento para o corpo e a alma, que exige uma resposta de fé

A modo de conclusão, gostaria de salientar dois tópicos de ensino dos Bispos do Brasil, que parecem de suma relevância teológica:

1º – "O ser humano é um todo; constitui uma unidade viva, ao mesmo tempo corporal e espiritual. Nesta unidade

---

[8] Rito da Unção dos Enfermos, n. 6.
[9] Idem, n. 16 e seguintes.
[10] Cânon 1003, § 1.

corpórea-espiritual, os aspectos anatômicos, fisiológicos, psíquicos e espirituais estão profundamente unidos e em profunda dependência".

"A enfermidade atinge o homem todo, corpo e espírito, desequilibrando-o e debilitando-o, não só biologicamente, mas também espiritualmente."

"A Unção dos Enfermos faz com que a força salvadora de Cristo atinja o homem enfermo em sua totalidade, para que ele possa viver, na fé e no amor, a comunhão consigo mesmo, com os outros e com Deus, exatamente nesta situação em que a debilidade geral provocada pela doença torna mais difícil viver esta vida de comunhão para a qual todo homem é chamado e que ao cristão é dado viver conscientemente e ativamente em comunhão eclesial."[11]

2º – "O Sacramento não é um rito mágico com o qual se manipula o sagrado, mas um encontro do homem com Deus em Cristo e na Igreja, que postula uma resposta pessoal, consciente e livre do homem, a resposta da fé. Por outro lado, consequentemente, o Sacramento da Unção dos Enfermos é uma afirmação testemunhal de que Deus intervém salvificamente no mundo em favor do homem, sua criatura, o qual não está abandonado às suas próprias forças e condenado à limitação de suas explicações racionais, mas envolvido por uma bondade e por um poder que, sem substituí-lo ou diminuí-lo, vem em seu socorro para potenciá-lo e salvá-lo."[12]

---

[11] *Pastoral da Unção dos Enfermos*, Doc. n. 14 da CNBB (Ed. Paulinas), 3.3.5, p. 25.
[12] *Pastoral da Unção dos Enfermos*, Doc. 14 da CNBB, n. 3.3.8, ed. cit., p. 27.

Ampliando Reflexões Teológicas e Pastorais

As enfermidades corporais marcam necessariamente a vida de todas as pessoas, pelo menos no final de seus dias. Todos gostariam de ser imunes desses sofrimentos e, de modo geral, todos têm medo de padecê-los.

Entretanto, o inevitável vai acontecer: as enfermidades corporais são uma lei consequente à situação de pecado.

Certamente, as doenças e a morte constituem um mistério. Parece que, por intrínseca natureza, a gente foi feito para viver, e viver com saúde, não para ficar doente e morrer. Foi alguma coisa misteriosa que interceptou o desígnio criador de Deus.

De fato, a fé nos ensina que devíamos ser imortais, e, portanto, intangíveis à enfermidade. Foi o pecado que introduziu no mundo a morte (Rm 5,12).[13]

Diante do Mistério de Cristo

Considerado assim o problema das enfermidades e da morte, é de entender-se que o Cristo trouxe a ele uma solução.

---

[13] Excelentes reflexões nessa linha de pensamento encontram-se em *Pastoral da Unção dos Enfermos*, Doc. n. 14 da CNBB, n. 3.2 e 3.2.5 (Ed. Paulinas), p. 15-19.

Pois Cristo veio para que tenhamos a vida e a tenhamos em abundância (Jo 10,10).

A vida de que ele falou não é somente a vida sobrenatural, mas também a vida natural que ele nos promete pela ressurreição: "Quem vê o Filho e nele crê tem a vida eterna e eu o ressuscitarei no último dia" (Jo 6,40).

Qual a posição a assumir, então, diante da enfermidade e da morte, quando se aceitou o mistério de Cristo? A única posição é crer que doença e morte são consequências do pecado, e que Cristo veio para contrapor-se a elas como se contrapôs ao pecado.

Mas a vitória plena de Cristo, que apareceu nele pela ressurreição, só vai revelar-se em nós também plenamente pela ressurreição.

Por isso ele deixou para alento de nossa fé, até a ressurreição se cumprir, os sinais ou Sacramentos, que significam e produzem sobrenaturalmente sua vitória.

Entre esses sinais, está o Sacramento da Unção dos Enfermos, para significar e produzir, na ordem sobrenatural, especificamente, sua vitória sobre as enfermidades corporais.

É assim que deve ser encarado esse Sacramento.

Cristo diante dos doentes e das doenças

Jesus mostrou, em sua atividade pastoral, uma particular solicitude pelos enfermos. E revelou, pelos milagres, seu poder sobre as doenças de todo gênero.

E não é só: Quando enviou seus Apóstolos, "deu-lhes autoridade de expulsar os espíritos imundos e de curar toda sorte de males e enfermidades" (Mt 10,1). E Marcos nos contou que eles "curavam muitos enfermos ungindo-os com óleo" (Mc 6,13).

Temos aí, bem clara, a insinuação do sinal sacramental que mais tarde a primitiva Igreja vai assumir entre seus Sacramentos (cf. Tg 5,14-15). É o **Sacramento da Unção dos Enfermos**.

Pistas para a catequese dos enfermos

Na catequese a ministrar aos enfermos e a seus familiares, a Pastoral dos Enfermos não pode esquecer estes dados:

1º – As doenças e a morte, consequências do pecado, devem ser vistas à luz do desígnio salvífico do mistério de Cristo.

2º – Este mistério tem duas dimensões: uma sobrenatural e invisível, de que são sinais os Sacramentos; outra, patente e eterna, que se efetivará na ressurreição.

3º – O Sacramento que realiza sobrenaturalmente agora a vitória de Cristo sobre as enfermidades corporais é o Sacramento da Unção dos Enfermos.

Aceitando e recebendo com fé esse Sacramento, os enfermos configuram-se ao Cristo sofredor e afirmam a fé na vitória do Cristo ressuscitado.

Sacramento da Igreja sofredora que deve ressuscitar

Prosseguindo nas reflexões teológico-pastorais, importa comentar aqui um texto significativo do Concílio Vaticano II. Ele não pode ser esquecido. É o seguinte: "Pela Sagrada Unção dos Enfermos e pela Oração dos Presbíteros, a Igreja toda entrega os doentes aos cuidados do Senhor Sofredor e Glorificado, para que os alivie e salve (cf. Tg 5,14-16). Exorta os mesmos a que livremente se associem à paixão e morte de Cristo (cf. Rm 8,17; Cl 1,24; 2Tm 2,11-12; Pd 4,13) e contribuam para o bem do Povo de Deus".[14]

Explicação desse texto

Esse texto do Magistério é muito rico e instrutivo. Ele nos mostra:

1) Que a Igreja exerce solicitude especial pelos doentes por meio deste Sacramento: "Pela Sagrada Unção e pela Oração dos Presbíteros, a Igreja toda entrega os doentes aos cuidados do Senhor Sofredor e Glorificado".

---

[14] *Lumen Gentium*, n. 11.

2) Que a doença tem uma dimensão participativa na redenção: "Exorta os mesmos (doentes) a que livremente se associem à paixão e morte de Cristo e contribuam para o bem do Povo de Deus".

3) Que, por esse Sacramento, toda a Igreja se une ao doente: "A Igreja toda entrega os doentes aos cuidados do Senhor".

4) Que, por meio desse Sacramento, o doente se prepara à ressurreição, pois diz o ensinamento do Concílio que "pela Sagrada Unção ... a Igreja entrega os doentes ao Senhor Sofredor e Glorificado ... para que os alivie e salve". Assim, este Sacramento une ao Cristo glorificado, preparando à salvação última, que é a ressurreição da carne.

Por esses motivos, parece claro que a Unção dos Enfermos pode ser chamada Sacramento da Igreja sofredora, que se prepara à ressurreição. Dir-se-ia que, nesse Sacramento, a Igreja assume seus membros padecentes, para uni-los a Cristo cabeça do Corpo Místico, associa-os à paixão do Senhor, para tornar meritórios seus sofrimentos, e assim os santifica, ao mesmo tempo que ela também se santifica neles para neles ressurgir.

Mentalidade falsa

Em geral, tem-se da Unção dos Enfermos uma visão falsa. Pensa-se que ela é a preparação para a morte. Por isso, muitas famílias não querem que se fale aos doentes em ungi-los. E, em numerosos casos, só se chama o Sacerdote quando já se desfizeram todas as esperanças e já se definiu o quadro clínico da morte.

Entretanto, esse Sacramento é o Sacramento da Ressurreição. O corpo sofredor é ungido e configurado ao Cristo ressuscitado que um dia sofreu. Isso significa assumir o sofrimento para dar-lhe desde já um sentido da ressurreição.

Devemos falar dessas coisas tão belas e tão importantes a nossos doentes. É assim que suscitaremos em seu espírito a verdadeira dimensão da fé em face da dor.

Sacramento da esperança cristã

Assim considerado, o Sacramento da Unção dos Enfermos é o grande Sacramento da esperança. Ele deve levar quem o recebe à esperança inconfundível de seu futuro escatológico.

Isso quer dizer: pela fé em Cristo, que veio para inaugurar um mundo novo, sem doença e sem morte, e que o iniciou por seus milagres, o enfermo deve firmar-se na certeza de que, sacramentalmente, esse mundo novo de ressurreição já tem início em seu corpo pela Sagrada Unção.

Mesmo que, pela vontade divina, não se realize, nesse instante, a cura corporal, a cura espiritual invisível é o penhor da definitiva realização da promessa de Cristo: "Esta é a vontade daquele que me enviou: que eu não deixe perecer nenhum daqueles que me deu, mas que o ressuscite no último dia" (Jo 6,39).

Um Sacramento que alivia as dores e cura as doenças

O alívio dos sofrimentos foi sempre uma preocupação da humanidade. Certamente, dessa preocupação é que surgiu a medicina nos mais antigos tempos. Ela era, então, talvez impotente para sarar as doenças. Mas produzia alívio e conforto.

Sabe-se que um dos processos mais antigos de lenitivo para as feridas, por exemplo, foi o ungi-las com óleo. É por isso que Jesus descreve o bom samaritano a ungir com óleo as feridas do viandante assaltado nas estradas ermas de Jericó. "Aproximando-se, atou-lhe as feridas, deitando nelas azeite e vinho" (Lc 10,34).

E não só as feridas se ungiam com óleo. Qualquer doente era objeto dessa solicitude, e os próprios discípulos de Jesus a usavam para com os enfermos e os curavam (cf. Mc 6,13).

Jesus curava, não porém com óleo

Jesus, pessoalmente, nunca usou óleo para ungir os enfermos. Mas o Evangelho nos diz que ele curou numerosos doentes por seu próprio poder ou com a imposição de suas mãos. Dir-se-ia que ele não precisava usar o lenitivo do óleo, pois a cura procedia dele mesmo.

"Onde quer que ele entrasse, fosse nas aldeias ou nos povoados ou nas cidades, punham os enfermos nas ruas e pediam-lhe que os deixassem tocar ao menos a orla de seu manto.

E todos os que tocavam Jesus ficavam sãos" – é o que relata São Marcos (6,56).

Impressionante, a esse propósito, a cura da mulher que padecia de um fluxo de sangue (cf. Lc 8,43-49 e Mc 5,25-35). A mulher dizia: "Se eu tocar ainda que seja a orla de seu manto, estarei curada". Assim fez, e ficou realmente curada.

A profundeza do mistério é anotada por Marcos: "Jesus percebeu imediatamente que saíra dele uma força ..." (5,30). Essa força que saiu de Jesus não é nenhum fluido magnético. É a força de seu poder divino, que emanava de sua humanidade e que fazia dela como o "sacramento superior de toda graça", conforme a explicação dos antigos teólogos.

Teria cessado hoje o poder de Cristo?

Hoje, poderíamos inquietar-nos se, diante das doenças e da morte, não existisse mais a solicitude do divino médico. Ele, que a tantos sarou e a alguns ressuscitou, por que não exerceria mais esse excelso poder?

Se sua humanidade passível e não ressuscitada pôde ser a fonte da força que dele surgia "para curar a todos", por que hoje, ressuscitada e gloriosa, essa mesma humanidade não poderia operar iguais maravilhas?

É de crer-se que as virtualidades do Deus-Humanado hoje se prolongam em seus sacramentos. A Humanidade santa de Jesus é o **sacramento supremo** – "sinal sensível da presença santificadora de Deus no meio dos homens". Os demais sacramentos, por divina instituição, vêm a ser o prolongamento da ação santificadora da Humanidade de Jesus. E, assim, o poder curativo dessa santa Humanidade prolonga-se por meio do sacramento da Unção dos Enfermos.

Esta tem sido a crença da Igreja. O chamado *sensus fidei* dos fiéis não se tem enganado quando atribui a este sacramento o alívio dos doentes e, não raro, sua cura definitiva.

Não poucos sacerdotes o experimentam, sensivelmente, por ocasião do atendimento pastoral aos enfermos.

A possibilidade da cura

É preciso, no entanto, afastar da mente dos fiéis a ideia de que a cura dos enfermos ungidos sacramentalmente será um acontecimento infalível e fatal. Pode não ser esta a vontade providente de Deus.

A cura é uma possibilidade condicionada, tanto à fé de quem recebe o sacramento, quanto ao plano secreto de Deus. Ela se verificará tão só se tal for conveniente para o bem espiritual do enfermo. Pois, a finalidade primeira do sacramento é a cura espiritual.

"A possibilidade da cura corporal, como efeito condicional da Unção dos Enfermos e na oração da fé, é conforme à doutrina e à praxe tradicional da Igreja de acordo com as palavras do apóstolo Tiago (cf. 5,14-16). A condição para a cura parece ser o maior bem da pessoa, em sua totalidade, ou seja, "se for conveniente à sua salvação espiritual" (Rito, n. 6).[15]

---

[15] *Pastoral da Unção dos Enfermos*, Doc. n. 14 da CNBB, 3.3.6, p. 26, ed. cit.

Um Sacramento que dá o perdão

Não se pode esquecer que o sacramento da Unção dos Enfermos é também sacramento de perdão. São Tiago o afirma: "A oração da fé há de salvar o enfermo e o Senhor o restabelecerá. Se ele cometeu pecados, ser-lhe-ão perdoados" (5,15).

A afirmação do Apóstolo é peremptória, não aduz condições. É de crer-se, pois, que é graça anexa a esse sacramento também o perdão dos pecados.

De fato, se ele é um sacramento de cura, é preciso entender que a principal cura deve ser a da enfermidade espiritual e moral, que é o pecado. De que valeria sarar dores corporais, se a alma continuasse premida pela dor do remorso e pela angústia da condenação?

Por isso, ele é sacramento de cura

Aqui está, precisamente, o exato sentido em que este sacramento é um sacramento de alívio e de cura. Ele não retirará, afora caso de milagre, a doença corporal que está arraigada no organismo do paciente. Ele não destruirá um câncer nem eliminará uma úlcera.

Mas, perdoando ao paciente o pecado e restituindo-lhe a união espiritual com o Senhor, há de trazer-lhe paz, serenidade, alívio, que o restabelecerá, como diz São Tiago.

"A oração da fé salvará o enfermo", promete o Apóstolo. Esse "salvará" refere-se à "salvação espiritual", que é o rompimento das amarras do pecado. E, por isso, "ele se restabelecerá". Isto é: "receberá vigor" para padecer seus sofrimentos; sentirá talvez até alegria em padecer, mesmo sem que se desfaça da doença orgânica.

O perdão, trazendo paz de consciência, dá alento ao próprio corpo, e esse alento pode reerguer inclusive fisicamente.

É essa dimensão do Sacramento da Unção que é preciso transmitir-se ao enfermo e a seus familiares, para que não se busque uma cura simplesmente física, que só em caso de milagre poder-se-á efetuar.

Condições para o perdão

Ainda aqui é necessário desfazer possíveis equívocos. Poderia alguém imaginar que a um doente, depois da saúde esbanjada no vício e no pecado, sem mais nem menos, esse sacramento vai levar o perdão a uma vida maldosa e distanciada da religião.

Sem dúvida, não é assim. O perdão dos erros e desvios supõe arrependimento e propósito de emenda, nas condições normais. A reconciliação com Deus se faz, normalmente, por meio da penitência. E essa é também sacramento, o sacramento ordinário do perdão.[16]

É, pois, de admitir-se que a Unção dos Enfermos perdoa pecados, sim, mas ao doente **disposto à penitência, ao menos do modo que lhe é possível**.

---

[16] Cf. *O que é preciso saber sobre a Confissão*, Ed. Santuário, principalmente as p. 18-20.

Devem existir no enfermo disposições anteriores, preliminares, que lhe abram caminho para o encontro com o Senhor. Essas disposições preliminares são: a fé em Cristo, algum sinal de arrependimento de seus pecados, ou ao menos a atrição da alma por ter-se longamente distanciado das práticas religiosas.

Não se entende que seja possível dispensar este sacramento a quem, positivamente, o recusou ou jamais deu qualquer sinal da busca de Deus.

Eis por que, anteriormente à Unção, deve-se tudo fazer para levar o doente ao sacramento da penitência, ou confissão.

"O sacramento específico para o perdão dos pecados é a penitência; somente quando o doente estiver impossibilitado de recorrer àquele sacramento, a Unção reconcilia com Deus e com a Igreja."[17]

Por isso é que o Rito da Unção dos Enfermos assim se exprime: "Em caso de necessidade, este sacramento proporciona também (...) o perdão dos pecados e a consumação da penitência cristã" (n. 6).

Vem aqui muito bem usada a expressão "consumação da penitência". Efetivamente, o que o sacramento da Unção causa é a "consumação" de um estado penitencial já prenunciado, ou pela confissão, ou ao menos pela fé remanescente no enfermo. Só assim "a oração da fé salvará o enfermo" – como assegura São Tiago (5,15).

A dimensão eclesial

É importante lembrar que o perdão é concedido por Deus aos homens **na Igreja** e **por meio da Igreja**.

---

[17] *Pastoral da Unção dos Enfermos*, Doc. n. 14 da CNBB, n. 3.3.7, p. 26, ed. cit.

Assim, o mínimo que se deve exigir do doente para que ele receba o sacramento da Unção, quando lhe falecem todas as condições para manifestar arrependimento (se está, por exemplo, em estado agônico ou pré-agônico), é que ele tenha ao menos ligação, ainda que remota, com a **fé da Igreja**.

É o caso de perguntar se foi batizado, se ia à Igreja, ao menos de vez em quando, se nunca renegou publicamente a fé, se praticou a caridade, se rezava etc.

Por outro lado, já que esse sacramento, como todos os demais, só se entende numa dimensão eclesial, é a Igreja, comunidade cristã, que deve interessar-se por levá-lo ao doente, quando este, em seu distanciamento resultante da enfermidade, dela se separou. Não devem os leigos, principalmente quando exercem funções junto aos doentes, esperar que esses peçam a Unção. Mas devem, como Igreja viva, incitá-los e prepará-los para esse sacramento.

Enfim, por causa dessa dimensão eclesial, a celebração da Unção dos Enfermos deve representar a Igreja ali reunida "na oração da fé, que salvará o enfermo" (Tg 5,15). "O novo Ritual insiste, por isso, na presença e participação da comunidade eclesial, quer na liturgia domiciliar, quer na sua celebração comunitária no hospital e na Igreja."[18]

Se o doente não pode mais rezar, que a Igreja, ali instante na oração, reze por ele e em nome dele, a fim de obter para ele perdão e misericórdia.

---

[18] *Pastoral da Unção dos Enfermos*, Doc. n. 14 da CNBB, n. 3.3.11, p. 30, ed. cit.

Orientações finais à pastoral da Unção dos Enfermos

Propriamente, tudo o que dissemos até aqui encerra orientações pastorais. Mas estão de permeio com ensinos doutrinais de grande importância.

Cabe agora propor algumas orientações mais práticas para **antes**, **durante** e **depois** do Sacramento da Unção dos Enfermos.

Antes da unção

A dispensação do Sacramento da Unção dos Enfermos, como de todos os sacramentos, deve ser preparada mais ou menos longamente. Não tem sentido pastoral ir correndo à cabeceira do doente, ungi-lo às pressas, e tagarelar algumas preces que nem ele nem os outros talvez entendam.

Por isso, devem os Agentes de Pastoral dos Enfermos tomarem as seguintes medidas concretas:

1) Quando tiverem notícia de uma pessoa doente, ir logo visitá-la. Nessa visita, quanto possível, se busque averiguar a situação religiosa e moral do doente e da família. É católico? É assíduo às práticas religiosas? É casado religiosamente? Ou é amasiado ou de vida não recomendável?

2) É possível que isso não se possa averiguar logo, e que não se deva falar de sacramentos. A visita deve, então, ser re-

petida, como conforto, gesto de amizade. A seguir, insinua-se uma visita do sacerdote, para uma prece ou bênção.

3) Parte-se, desde o início, para uma catequese jeitosa, insinuante, em que se dê o sentido do sofrimento nos planos de Deus, o porquê da moléstia, a bondade de Deus que sempre nos assiste com a sua graça etc. Prossegue-se com alusões ao Evangelho, levando o doente e a família a assimilarem o essencial do cristianismo.

4) Em tempo oportuno, fala-se da reconciliação, do perdão dos pecados, do alívio, da tranquilidade e da paz, que resultam de uma confissão bem feita.

5) A Unção dos Enfermos deve ser proposta como o sacramento que se segue à penitência e à comunhão, a fim de consolidar a cura espiritual e completá-la.

6) Afastar sempre o preconceito de que "chamar o Padre e dar a Unção assusta o doente", "dá impressão de proximidade de morte". Se houver a preparação precedente, esse preconceito será facilmente superado.

7) Há casos de urgência. O estado do enfermo é grave. O doente pode morrer logo. Nesse caso, o processo de preparação deve ser mais rápido, talvez de algumas horas. Mas é preciso que haja uma iniciação, uma evangelização, uma catequese, ainda que mínima. Não se ministra sacramento como se dá um comprimido ou uma injeção. O sacramento supõe a fé, que é resposta que deve ser dada a Deus que se revela.

8) Exceção se abre, evidentemente, para os casos iminentes como desastres, derrame, enfarte, que deixam o enfermo em estado de absoluta impossibilidade de comunicação. Se é reconhecidamente católico, ou pelo menos nunca renegou a

fé, dá-se-lhe a absolvição e a Unção. Se o caso é duvidoso, o Padre ministrará os sacramentos sob condição, confiando-o à divina misericórdia. Não se negará, numa emergência, o socorro dos sacramentos, segundo a velha sentença dos mestres: "*Sacramenta propter homines*", isto é, "Os sacramentos foram instituídos por causa dos homens".

9) Só em casos muito excepcionais recusam-se os sacramentos. Esses casos reduzem-se à formal repulsa anterior do paciente e a sua renegação da fé, e aos casos em que o doente viveu e quis morrer em outra religião.

10) Atenda-se à circunstância muito particular – com enfermos católicos e de fé – mas que se acham recalcitrantes, preferindo deixar os sacramentos para a última hora. Nesse caso, é preciso falar com clareza, sem medo, com bondade e confiança, que há perigo de o doente morrer sem sacramentos. Não se deve deixar na ilusão o enfermo e a família, que têm fé, em momento tão sério e perigoso.

Durante a Unção

1) Os Agentes de Pastoral devem preparar o ambiente para o momento da Unção, criando um clima de confiança, alegre e quase festivo. Um sacramento é visita de Cristo. É esperança, é conforto, é alegria. Ademais, a Unção, normalmente, deve ser ministrada em conjunto com a Eucaristia, que é celebração de festa.

2) Limpe-se o quarto do enfermo. Troquem-se-lhe as roupas, haja asseio e torne-se o recinto arejado. Prepare-se uma mesa como altar, com toalha, flores e velas. Previna-se a bacia, o sabão, a toalha, para o sacerdote lavar as mãos.

3) Reúna-se a família, alguns amigos e vizinhos, formando uma pequena comunidade. Os sacramentos são a presença da Igreja, Povo de Deus reunido. Por mais dolorosas que sejam as circunstâncias, os sacramentos são a festa da alma. Os que ali estão presentes podem ser chamados a participar da Eucaristia, se estão preparados.

4) Conforme as circunstâncias, a juízo do sacerdote, principalmente onde existe suficiente preparação litúrgica, pode o sacramento ser ministrado durante a Missa, de vez que, liturgicamente, todos os sacramentos deveriam se celebrar em conjunto com a Eucaristia.[19]

5) Todos sigam as preces (inclusive o enfermo, se está em condições físicas e psíquicas), a elas respondam, de modo a realizar-se, ali, uma liturgia viva.

Depois da Unção

1) Esse "depois da Unção" não é só o "imediatamente depois", quando todos devem demonstrar ao doente a alegria pelo que se realizou e a esperança de seu restabelecimento. E sobretudo o "depois nos dias subsequentes".

2) Continuem-se as visitas, a solidariedade, o conforto, o acompanhamento da família e do doente.

---

[19] É conveniente que, para essa prática, o Bispo Diocesano seja ouvido e se tenha a sua autorização, quando a Santa Missa celebra-se na casa do doente.

3) Enfim, lembre-se que a Unção dos Enfermos pode ser repetida de tempos em tempos, quando novo quadro da moléstia se apresenta, por exemplo nas recaídas após uma melhora.

4) Em muitas comunidades já se estabeleceu o louvável costume de celebrar-se, em certos tempos (na Semana Santa, no Advento, nas festividades do Padroeiro), uma Missa para enfermos e velhos (a velhice é também enfermidade), quando lhes é administrada em comum a Unção, após a Comunhão Eucarística. Essa prática pastoral é educativa, e frutuosa no sentido de fazer a comunidade toda encarar a doença e o sacramento que a alivia como parte da própria vida da Igreja.[20]

5) Há uma evangelização a ser feita sempre nas Paróquias em torno do Sacramento da Unção. "É necessário, por conseguinte, antecipar essa evangelização, preparando os fiéis no tempo da saúde, para quando os acometer a doença. De fato, a consciência de que o patológico faz parte da condição atual do homem, e de que o cristão é chamado a viver nela e em função dela a fé, a esperança e a caridade, quando doente, precisa ser desenvolvida, através dos mais diferentes meios: pregações de caráter missionário, catequético e litúrgico, cursos e encontros, meios de comunicação social etc. Para tanto, poderá contribuir a celebração comunitária da Unção, com a participação de toda a comunidade, sobretudo se dentro da celebração eucarística."[21]

---

[20] O Cânon 1.002 diz que essa celebração comunitária pode-se fazer "de acordo com as prescrições do Bispo Diocesano", norma que insinua só se faça onde as diretrizes da pastoral diocesana o aprovarem.
[21] *Pastoral da Unção dos Enfermos*, Doc. n. 14 da CNBB, n. 4.1.1., p. 33, ed. cit.

ÍNDICE

A nossa pastoral dos enfermos 3

Não esquecer nossos irmãos enfermos 6

Todos somos responsáveis pelos enfermos............................ 9

Um sacramento frequentemente esquecido....................... 12

Teologia da Unção dos Enfermos.. 15

Ampliando reflexões teológicas e pastorais........................ 22

Sacramento da Igreja sofredora que deve ressuscitar........... 25

Um sacramento que alivia as dores e cura as doenças 28

Um sacramento que dá o perdão 31

Orientações finais à pastoral da Unção dos Enfermos 35